# Trop... c'est trop !

**Conception et illustrations : Patrick Arguin**
**Collaboration et textes : Michèle Rappe**
**Support, coaching et collaboration : Hélène Beaudette**

Pour avoir permis à OUTILS POUR LA VIE de voir le jour par sa présence bienveillante et son support inconditionnel,
j'offre à Hélène Beaudette toute ma joie et ma gratitude. Mille fois merci !!

Il a plu toute la matinée et cet après-midi, enfin, le beau temps est de retour ! Grujo est bien content de pouvoir se dégourdir les pattes et monter à la cîme de son ami le chêne.

L'écureuil grimpe à toute allure dans les branches de son copain pour glisser sur l'écorce mouillée. Colin est un peu fatigué et il aimerait laisser ses feuilles sécher doucement au soleil.

Grujo s'amuse comme un petit fou et il fait des cabrioles partout! Colin est très heureux de voir son ami tout joyeux, mais il a vraiment envie de tranquillité.

– Grujo va bien finir par s'arrêter, se dit Colin, et je vais pouvoir me reposer.

Grujo a découvert un nouveau jeu : il saute de plus en plus fort, et les branches du chêne rebondissent comme un trempoline... Colin est de plus en plus énervé et il espère vraiment que Grujo va cesser son jeu.

# ASSEZ!

hurle soudain Colin.
Tu n'es pas drôle! Tu sautes
partout et tu me fatigues.

Grujo s'arrête. Pourquoi cries-tu comme cela, dit-il. Toi non plus tu n'es pas drôle! Et le petit écureuil va se cacher au creux du tronc de Colin.

Colin est fâché. Grujo ne m'écoute pas, songe-t-il;
je voulais seulement la paix !

Afin de retrouver son calme, Colin prend de grandes
respirations et descend dans son cœur pour rencontrer
son arc-en-ciel de sagesse. Il a l'impression qu'une lumière
rayonne, et une silhouette familière apparait.

— Cher Colin, dit Mauve le lutin, penses-tu que Grujo avait deviné que tu voulais te reposer ?

— Je lui ai dit d'arrêter parce qu'il me fatiguait, se dit Colin. Mauve invite le chêne à repenser à la situation et à se souvenir des détails. Colin revoit ce qui s'est passé. Non, remarque-t-il, avant que je ne hurle, Grujo ne savait pas que j'avais envie de calme.

Parfois, explique Mauve, on n'ose pas dire ce que l'on voudrait réellement et on espère que l'autre va deviner tout seul ce que l'on souhaite.

Colin admet qu'au lieu de parler à son ami, il a attendu que celui-ci comprenne tout seul. Mais, songe-t-il, j'avais peur de parler à Grujo et de lui faire de la peine...

— Vois-tu Colin, poursuit avec douceur le lutin, cela peut sembler difficile de parler, même à un ami, mais se taire n'est pas une solution.

Garder le silence et ne pas exprimer ses besoins provoque des malentendus et toutes sortes d'émotions.
— C'est vrai, pense Colin, je n'ai rien dit et je me suis énervé de plus en plus.

L'important, reprend le lutin, est de s'exprimer avec respect.
Quand tu verras ton ami, parle avec lui de ce qui s'est passé...
Colin sent une douce lumière Mauve en lui. Il a retrouvé son calme
et il ouvre les yeux.

— Mauve a raison! Grujo est un véritable ami et si je lui dis que j'ai
besoin de calme, il va comprendre. Je vais lui  parler, décide Colin!

— Grujo, Grujo... est-ce que tu m'entends?
L'écureuil sort la tête avec prudence...
— J'aimerais te parler, dit Colin.
Grujo avance sur une des branches.
— Excuse-moi d'avoir crier comme cela, poursuit le
chêne, je me suis énervé sans raison. Es-tu fâché?

Grujo réfléchit avant de répondre : non, dit-il, je ne suis pas fâché, mais je n'aime pas quand on me parle sur ce ton.

Je t'aime beaucoup Colin, mais cela me dérange vraiment quand tu agis comme cela. Je ne comprenais pas ce qui t'arrivait.

— Je suis vraiment désolé Grujo. Cela ne se reproduira plus! Je sais désormais qu'il vaut mieux se parler et que les devinettes, c'est seulement pour s'amuser!

Grujo éclate de rire et vient faire un câlin à son copain le chêne!

Lorsque Papa soleil se couche, Grujo et Colin admirent l'horizon et le jardin qui se prépare pour la nuit. Le ciel prend de formidables couleurs de rouge, d'orangé et... de mauve.

# Rappelle-toi...

## Que faire quand je me sens incompris?

Les autres ne peuvent pas deviner ce que tu ressens ou tes besoins. C'est important de t'expliquer le plus clairement possible et de vérifier si les autres ont bien compris ce que tu voulais dire.

## Comment expliquer ce que je ressens?

Quand une situation te dérange, parle de toi, de tes souhaits, de ce que tu as vécu. Explique pourquoi tu n'aimes pas cette situation. Quand quelque chose te plait... explique-le aussi!

## Pourquoi est-ce important que je l'explique?

En t'expliquant, tu permets aux autres de mieux te connaître et te comprendre et tu prends soin de toi. Par exemple, si tu veux te reposer alors que ton ami veut jouer, c'est mieux de lui expliquer ton besoin au lieu de te fâcher ou de te forcer à le suivre.

# La collection de livres

## Outils pour la vie
Pour la confiance et l'estime de soi

**1** **Papa Soleil et maman la Terre créent la vie**
**La respiration/Garder ou retrouver son rythme**

Respirer est essentiel à la vie; bien respirer est un formidable outil pour retrouver le calme et la paix en étant à l'écoute de son corps et de son rythme personnel.

**2** **Grujo et l'arc-en-ciel intérieur**
**La méditation/Retrouver son calme intérieur**

En chacun, il y a un havre de paix et de sagesse; la méditation est un outil pour établir ou rétablir le contact avec cet espace personnel.

**3** **Colin découvre la confiance**
**L'enracinement/**
**Développer la confiance et la force**

Grandir est une succession d'étapes importantes qui s'accompagnent parfois d'hésitations et de peurs; la confiance en soi solidifie la base, les racines…

**4** **Colin, Grujo et l'amitié**
**La connaissance de soi/Aimer et apprécier**

Établir des relations saines avec les autres suppose que la confiance en soi et l'estime de soi soient de plus en plus présentes; apprendre à s'apprécier est un cadeau pour la vie.

**5** **Le choix…**
**Le discernement/Être à l'écoute de soi**

Apprendre à écouter la petite voix intérieure et à lui faire confiance, c'est apprendre à garder son cap dans toutes les situations.

**6** **Le courage de Colin**
**L'affirmation/Se faire confiance**

S'affirmer n'est pas s'opposer, mais s'appuyer, avec confiance, sur l'estime de soi pour prendre sa place et la conserver dans le respect de soi et des autres.

**7** **Trop… c'est trop !**
**Le respect de soi/Oser être soi-même**

Établir une bonne communication implique aussi d'exprimer ses émotions et son état d'être de façon adéquate. Cela ressemble, parfois, à un défi !

**8** **Grujo retrouve son bien-être**
**La responsabilisation de soi/**
**Encourager l'autonomie**

Grandir, c'est aussi apprendre à gérer ses émotions, acquérir de plus en plus d'autonomie et également se responsabiliser.

# Les ateliers

## Outils pour la vie

Pour la confiance et l'estime de soi

Conçus spécialement pour les petits, les ateliers sont l'occasion d'explorer en groupe les différentes thématiques abordées dans les histoires de la collection Outils pour la vie. Accessibles et variés, ils permettent d'outiller l'enfant afin qu'il puisse mieux se connaître et renforcer sa confiance et son estime de soi.

## La méditation...

Élément-clé des ateliers, la méditation est un merveilleux outil d'autorégulation physiologique, mentale, et émotionnelle que les enfants peuvent apprendre facilement.

Pour en savoir plus, consultez le site Internet :

**www.outilspourlavie.com**

www.ingramcontent.com/pod-product-compliance
Lightning Source LLC
Chambersburg PA
CBHW041159120626
46547CB00020B/3265